汤钊猷 著

汤钊猷影集
TANG ZHAO YOU YING JI

人生篇

復旦大學 出版社

汤钊猷（1930- ），著名肝癌研究学者，中国工程院院士，美国外科协会和日本外科学会名誉会员，复旦大学（中山医院）肝癌研究所名誉所长。曾任上海医科大学校长，国际抗癌联盟（UICC）理事，国家教委科技委副主任，中国工程院医药卫生学部主任，中华医学会副会长，中国抗癌协会肝癌专业委员会主委。

他在国际上最早提出"亚临床肝癌"概念，国际肝病学奠基人Hans Popper称"这一概念是人类认识和治疗肝癌的重大进展"。他与团队攻克肝癌早诊早治的关键技术；首次建成"高转移人肝癌模型系统"并用于肝癌转移研究。这两项研究显著提高了我国肝癌诊治水平，挽救了大批病人生命，获1985年和2006年国家科技进步一等奖。他曾两次担任国际癌症大会肝癌会议主席，主办七届上海国际肝癌肝炎会议并任主席，使之成为亚太区最有影响的肝病会议。主编《现代肿瘤学》等九部专著，参编《UICC临床肿瘤学手册》等十余部国际专著，发表SCI收录论文400余篇。为四篇全国优秀博士论文指导教师。获吴阶平医学奖、陈嘉庚生命科学奖等奖项，并获全国五一劳动奖章和白求恩奖章，1987年受到邓小平同志接见。

热心科普，出版《消灭与改造并举——院士抗癌新视点》等三本控癌科普书，著展望我国医学前景科普读物《西学中，创中国新医学——西医院士的中西结合观》和《中华哲学思维——再论创中国新医学》。还出版了《汤钊猷摄影小品》《汤钊猷摄影随想》《汤钊猷三代影选》《汤钊猷影集——人文篇（国内）》《汤钊猷影集——人文篇（国外）》五本影集。

我以我心荐轩辕

致敬汤钊猷院士

是什么品格唤醒了编钟宏韵，回荡造福的恒言！
是什么气质复苏了先老神贤，成就筑梦的精湛！
是什么意志承载了青铜雄秀，铭刻大吕的风范！
是什么精神托举了方升庄严，度量壮阔的波澜！

汩汩溢出的热泪，积淀守望探索的历久弥坚，
款款铺展的长卷，集聚荡气回肠的家国奉献，
栩栩传神的神采，润泽意气风发的心灵家园，
代代传承的基业，交汇谱写新篇的遐思万千！

我们爱你，七十年不离不弃的追寻和辗转，
我们爱你，七十年不离不弃的护佑和陪伴，
我们爱你，七十年求新求变的认知和呈现，
我们爱你，七十年求新求变的塑造和探源……

参天之木，必有其根，惟德动天的初心
幸有盛世的慷慨，遍遇笃行的善缘；
怀山之水，必有其源，无远弗届的宏愿
加持信仰的瑰宝，践行深耕的善念。

一次次深情对视，领略了大好江山的风光无限，
一番番捕捉瞬间，延伸了生命血脉的时代经变。
独立而不改，周行而不殆，和合共生山水间，
轻轻一句话，隆隆万钧响，兼容并蓄携方圆！

我们爱你，七十年无怨无悔的理想和信念，
我们爱你，七十年无怨无悔的磨砺和实践，
我们爱你，七十年有声有色的求真和发现，
我们爱你，七十年有声有色的传承和提炼……

控癌三部曲，让妙手回春触手可及、近在眼前，
再生正能量，让筚路蓝缕可信可敬、升腾惊艳。
观物有思话未知，观之有道共心弦，
东西汇融无极限，铄古铸今有蝶变。

正是飞龙的品格，让科学力量为自觉自立扬鞭，
正是祥云的气度，让不败心花为自信自强舒展，
正是求真的意志，让中华独创与世界友善共勉，
正是物实的精神，让伟大使命与时代紧紧相连。

我们爱你，七十年尽善尽美的求索和钻研，
我们爱你，七十年尽善尽美的发布和代言，
我们爱你，七十年全心全意的创新和链接，
我们爱你，七十年全心全意的服务和贡献……

不灭热烈大欢喜，与世界友善共勉！
我以我心荐轩辕，与时代紧紧相连！

——傅亮*

***傅亮**，毕业于复旦大学中文系，曾任复旦诗社社长。上海市作家协会会员。潜心于海派文化创意事业与文学创作40年。

嘉宾合影

钟南山院士,著名呼吸病学学家,广州医科大学附属第一医院国家呼吸系统疾病临床医学研究中心主任,1996年当选为中国工程院院士。在抗击新冠疫情中作出杰出贡献,获"共和国勋章"。笔者与他为友近30年。照片为2009年笔者获"吴阶平医学奖"时与他合影。

2022年,钟南山院士在《汤钊猷传》的序中写道:"汤钊猷院士以严谨创新的医学思维、精益求精的治学之道、追求卓越的学术风气成为肝癌领域著名学者、闻名中外的控癌战士。他一生在肝癌的早防早治上马不停蹄地探索,为国家作出杰出的贡献。汤钊猷院士为民而战的胸怀,不仅让世人敬佩,更应值得全体青年学者学习借鉴。"

刘允怡院士，国际著名肝胆外科学者，香港中文大学外科学系教授，2003年当选为中国科学院院士，曾任国际肝胆胰协会主席。照片为2011年在第13届全国肝癌学术会议上的合影。

刘允怡院士在《汤钊猷传》的序中写道："我认识汤钊猷院士已40多年，尤其在我国改革开放后，和他交流十分多，对他无论在个人品格还是在学术成就上，尤其在肝癌领域上所作出的成就，尤为衷心佩服。他在国际上最著名的贡献是使用甲胎蛋白和肝脏超声作为筛选工具，诊断出临床前没有病征的小肝癌，突破性地显示早期诊治肝癌带来的良好预后结果……他取得举世瞩目的成就，这源于他非凡的天赋，更源于他对卓越和创新的执着追求，在任何困难面前从不言弃……年过九旬完成《中华哲学思维——再论创中国新医学》这部有温度的新作……从哲学上为中国医生指明了人类健康事业的发展方向。"

　　托马斯·斯塔泽（Thomas E. Starzl）（1926—2017），美国匹兹堡大学医学院学者，世界肝移植之父，他的工作为现代器官移植打下基础。笔者1983年便与他认识，为友34年，在多个国际会议上同为应邀演讲学者。斯塔泽曾邀我在他的研究所演讲，我还曾为他的自传中文版写序。照片为2006年在北京的合影。

　　2009年我们复旦大学（中山医院）肝癌研究所成立40周年，斯塔泽发来的贺信称："我一直非常想知道在40年间您是如何在癌症研究中取得如此大的成就。在我看来，您在最近假期旅游的照片（注：承德的棒锤峰）中所站立的高地，就是医学领域的奥林匹斯山，山下有很多人，包括生命在内的一切都是您给予的。在美国外科协会的外籍荣誉会员中，没有任何一位可以比您更值得获此殊荣。您的工作在流逝的时光中刻下了印记，并将永远为人们所铭记。"

布莱恩·霍林格(Blaine F. Hollinger),美国贝勒大学(Baylor University)医学院学者,国际著名肝炎研究专家,曾任国际肝炎大会主席。笔者在1986年组办上海国际肝癌肝炎会议时与他认识,为友近40年。在新冠疫情期间,还曾来函问候。照片为2008年我主办第七届上海国际肝癌肝炎会议(又称港沪肝病会议)在中国香港合影。

2009年,我们研究所成立40周年,霍林格发来的贺信称:"我觉得唯一可超越您在外科领域的能力和娴熟技术的,是您在肝癌研究中的专家素养和学者智慧。您在肝癌中的贡献是先驱性的,开启了研究学者之间很多方面的交流,显著改善了肝癌的诊断和治疗,降期后切除延长了不可切除肝癌病人的生存。对我来说,您的友谊和忠诚一直是我的祝福和财富;正如有人说:'良友难觅,更难割舍,永生铭记。'"

亨利·比斯谬特（Henri Bismuth），法国外科学院院士，法国肝移植鼻祖。1985年，一位从未谋面的法国人，拿着刚出版的我主编的英文版《亚临床肝癌》，到上海找我，邀我在32届世界外科大会上担任肝外科会和肝胆肿瘤会的共同主席。自那时起为友30余年。照片为2006年在美国126届外科年会上合影，我们同是美国外科协会名誉会员。

2009年，我们研究所成立40周年，比斯谬特发来的贺信称："您获得的成就显著而令人惊异。您是首位证明原发性肝癌切除后能长期存活的研究者。在那次您组织的上海（1991年上海国际肝癌肝炎）大会中，肝癌切除手术后10年病人的大合唱是最感人的时刻。我支持您写一部有关您人生经历的书。您的人生就是肝癌研究史中的一页。"

前言

耄耋之年，我先后出了五部影集：《汤钊猷摄影小品》《汤钊猷摄影随想》《汤钊猷三代影选》《汤钊猷影集——人文篇（国内）》《汤钊猷影集——人文篇（国外）》，目的是不断动脑。笔者的粗浅认识，中华哲理可概括为六个字：不变，恒变，互变。老子用"独立而不改"形容"道"，提示存在着一个不被干预的自然法则，例如"生老病死"，不仅人有，其他生物甚至非生物也有，这是"不变"的。老子用"周行而不殆"形容"恒变"；人的一生，小至细胞，大至人体，都不断地在运动，运动停止，生命也就终止；讲到"动"，多理解为身体的运动，其实"动脑"也必不可少。老子又说"反者道之动"，说明"变"总是对立双方的"互变"；如"动"与"静"的互变；人的一生，也同样需要动静有度，只动不静，或只静不动，人也活不了。

笔者的所谓养生观，就是"两动两通，动静有度"。"两动"就是年逾90，除隔天游泳300米外，还安排不断动脑的作业。耄耋之年，曾出版《消灭与改造并举——院士抗癌新视点》等三本控癌战的高级科普，以及《西学中，创中国新医学——西医院士的中西结合观》和《中华哲学思维——再论创中国新医学》展望医学前景的书。写作是动脑，但动脑也有"紧张"的动脑和"轻松"的动脑，两者也要交替。出版影集就是"轻松"的动脑，对过去拍的照片进行选择、加工，实际上也是一种享受。还是过去出版影集所说，出版的目的只是"享受业余兴趣之乐"和"交换礼品之用"。

然而出版这本"人生篇"，确实让我颇费脑筋。用什么框架来表达"人生"，是一个大问题，没有框架，就无法选择照片。于是我和儿子商量，先后拟定了五个目录：有从"人生就是奉献和享受"出发；有从"生老病死的人生"出发；有从"生与死""老和少""病和健"等对立统一出发，等等。人生尽管就是"出生入死"，但影集是为了享受人生，太多讲到"死"过于凝重。于是不得不另找出路，人生是一个不断变动的过程，人生的不同阶段自有不同的侧重。最后我用了《周易》的"乾卦"，即幼年的"潜龙勿用"、少年的"见龙在田"、青年的"终日乾乾"、壮年的"或跃在渊"、巅峰的"飞龙在天"和老年的"亢龙有悔"。因为《说卦传》说"乾，健也"，应该可以代表正常的人生。其实这也不过是一种尝试，消遣而已。至于照片的选择，基本上还是用与笔者人生有关的，少数用笔者拍摄的。主体不再标明，看图示意便是。

还是那句话，影集的出版如有助饭前茶后消遣，加一点"人生感悟"，我的目的便已达到。

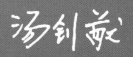

2023年7月

目录

1. 潜龙勿用(幼年)——成长之年 001
    1.1 长辈呵护 002
    1.2 尽情欢乐 008
    1.3 茁壮成长 013

2. 见龙在田(少年)——志学之年 019
    2.1 努力学习 020
    2.2 打好基础 024
    2.3 培养爱好 028

3. 终日乾乾(青年)——而立之年 031
    3.1 青春朝气 032
    3.2 美满成家 034
    3.3 进取立业 036
    3.4 天伦之乐 041

4. 或跃在渊(壮年)——知命之年 047
    4.1 定向终生 048
    4.2 严谨进取 056
    4.3 合作共赢 063

5. 飞龙在天(巅峰)——耳顺之年 069
    5.1 报效国家 070
        5.1.1 提高疗效 070
        5.1.2 教书育人 075
        5.1.3 同行推广 078
        5.1.4 大众普及 081
        5.1.5 获奖荣誉 084
    5.2 国际地位 090
        5.2.1 应邀不断 090
        5.2.2 来访如流 096
        5.2.3 学术地位 098
        5.2.4 主办会议 100
        5.2.5 参编专著 102

6. 亢龙有悔(老年)——耄耋之年 107
    6.1 动静有度 108
    6.2 重在生前 110
    6.3 回顾美好 112
        6.3.1 奉献之乐 112
        6.3.2 读书之乐 116
        6.3.3 同窗之乐 118
        6.3.4 师生之乐 122
        6.3.5 交友之乐(国内) 126
        6.3.6 交友之乐(国际) 131
        6.3.7 兴趣之乐 133
        6.3.8 旅游之乐(国内) 135
        6.3.9 旅游之乐(国外) 147

7. 群龙无首(一生)——人生感言 155

人生离不开"悲欢离合"和"生老病死"。人的一生，或重于泰山，或轻于鸿毛。这是不同人所处特定环境下"客观与主观互动"的结果。人的一生"机遇"不同，然而"行行出状元"，这就是通过主观的努力，在不同机遇的情况下，也可以造就出有声有色的人生。

一个人来到这个世界上不容易，离不开父母的艰辛，朋友的帮助，国家的培养。为此既要"奉献"，也要"享受"。"奉献"就是对家庭的奉献，对国家的奉献，以及对人类的奉献。笔者以为，"享受"也必不可少，毕竟人生是多彩的。笔者进入医界70年，与癌斗争50年，最大的享受莫过于"奉献之乐"，创造出有中国特色的成果，治好病人。当然"天伦之乐"绝不能放弃；还有"读书之乐""同窗之乐""师生之乐""交友之乐""兴趣之乐""旅游之乐"等等，这需要我们去创建和发掘。

耄耋之年，笔者粗读了几本中华哲学著作，深感中华哲理的"三变"——不变、恒变、互变，可帮助人生更精彩。例如"生老病死"是不可根本被干预的自然法则，是"不变"的；人的寿命，《黄帝内经》说"尽终其天年，度百岁乃去"，不可能长生不老，为此要"顺应自然"。人的一生就是不断变化的过程，"悲欢离合"就是"恒变"，《黄帝内经》说"相顺则治，相逆则乱"，为此要随着人生的不断变化而变，不断适应年龄时段求得"阴阳中和"的态势；这就是笔者用《周易》乾卦——初九的**"潜龙勿用"**，九二的**"见龙在田"**，九三的**"终日乾乾"**，九四的**"或跃在渊"**，九五的**"飞龙在天"**和上九的**"亢龙有悔"**，来分别应对正常人生的幼年、少年、青年、壮年、巅峰和老年不同时段的变化。《周易》六十四卦各由六爻组成，自下而上称"初、二、三、四、五、上"，"九"代表阳，"六"代表阴。乾卦六爻均为阳，故"初九"表示事物之始，"九二"的少年等，由此类推，直到"上九"的老年。由于变总是对立双方的"互变""强与弱可以互变"，通过适度锻炼，弱可变强；"长寿与短寿也可互变"，如《黄帝内经》所说"上古之人，其知道者，法于阴阳，知于术数，食饮有节，起居有常，不妄作劳，故能形与神俱，而尽终其天年，度百岁乃去"；反之，不重视生活方式，"以酒为浆，以妄为常，醉以入房，以欲竭其精，以耗散其真。不知持满，不时御神，务快其心，逆于生乐，起居无节，故半百而衰也"，这就是人的主观能动性可能导致的变化，然而不可能超越自然法则。

1

潜龙勿用（幼年）——成长之年

《周易》的乾卦"初九，潜龙勿用"：乾卦六爻均为阳，故"初九"表示事物之始，势单力薄，需潜藏待用。幼年这个时段是成长之年，需要长辈的呵护；需要营造欢乐的环境，培育乐观开朗的心态；需要长辈的导引，使之茁壮成长。

1.1 长辈呵护

一个人初到这个世界上,得以顺利成长,离不开长辈的呵护。人类如此,动物也不例外。父母和祖辈的艰辛、朋友的帮助、国家的培养,永不能忘,要代代相传。笔者幼年处于国内动乱,记录父母之爱的照片只剩两张。儿孙辈时值中国崛起,已大不相同,多有温馨的家和长辈的呵护。

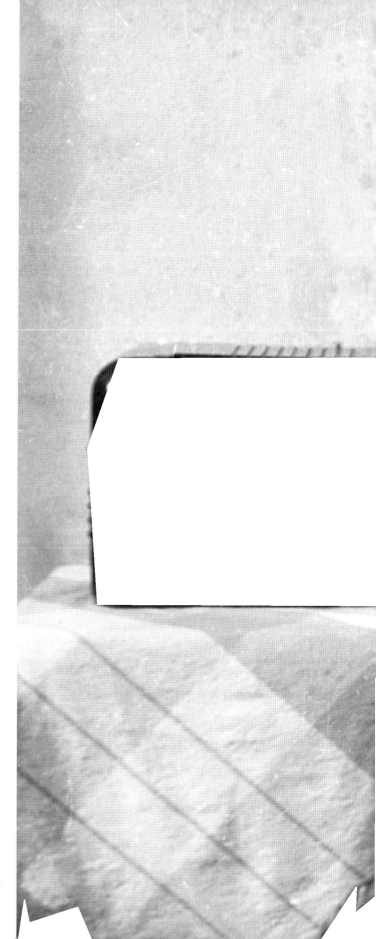

第二代父母的呵护 1959年

父爱 1934年 笔者左一

母爱 1936年 笔者左二

第二代父母之爱 1961年

第三代父母之爱 1994年

第三代父祖辈的呵护 1998年

祖母的呵护 1961年

祖父的呵护 1989年

叔伯的呵护 1960年

外公外婆的呵护 1966年

外公的喜悦 1988年

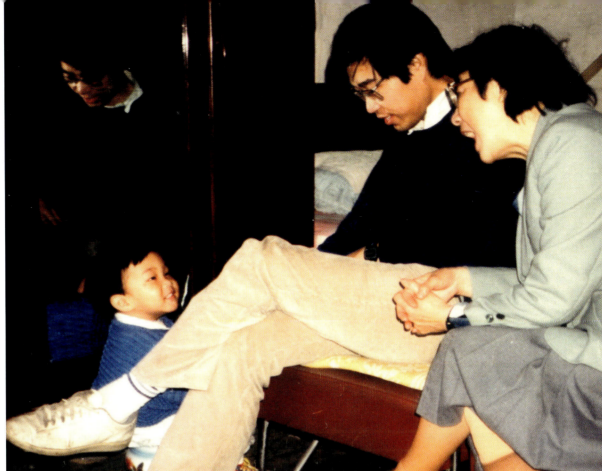
三代互动 1989年

母子互动 2011年

动物也不例外 2007年

1.2 尽情欢乐

幼年乃成长之年,能否培育出乐观开朗的心态,将影响终生,长辈理应给予尽情欢乐的环境。然而笔者当年正处于国内动乱和抗日战争,生存都困难,何谈欢乐,为此也缺少相关照片。当前正值中国崛起,下面只是笔者所拍的点滴。然而初上小学,便背上沉重的书包,也值得思考。

祖孙赛球 1963年

孙子生日 1989年

孙子画画 1994年

儿子"打太极拳" 1961年

喂鸽子 2002年

骑车 1978年

叠罗汉 1979年

欢乐 1980年

看书 1980年

下棋 1981年

祖孙同游 1996年

老幼互动 2016年

欢乐一家 2020年

寻宝 2020年

男孩之乐 2020年

女孩之乐 2020年

1.3 茁壮成长

成长之年,需要埋下人生的基本素养,例如自信心,对新鲜事物的好奇心,勇敢精神,生活的自理能力,对生活的热爱,培养兴趣,等等。儿童最善于模仿,长辈的一举一动都会给儿童带来榜样效应,不可不察也。

学打拳 1963年

自信 1994年

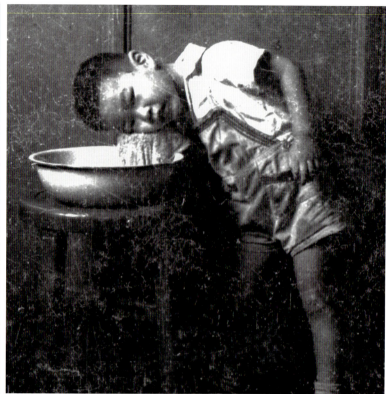
自理 1962年

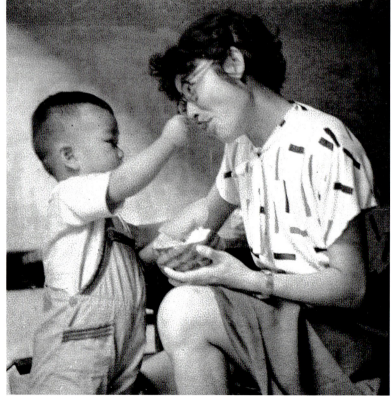
爱父母 1960年

勇敢 1989年

我自有主张 2006年

敢不敢 2020年

学画画 1968年

学拍照 1963年

爱唱歌 1967年

爱看书 1981年

弹琴 1989年

爱科学 1964年

尚俭朴 1967年

跟上新科技 2011年

学电脑 1993年

　　幼年乃成长之年，能否养成开朗、自信、勇敢、互爱和积极的心态，有一个健康的身体，将影响终生。长辈理应给予尽情快乐的环境，既要呵护，又要身教，但忌溺爱。

2

见龙在田（少年）—志学之年

《周易》的乾卦"九二,见龙在田,利见大人"。少年时段,"龙见于田间,可能出现有德之人";就是阳刚初露,出潜离隐;故有"自古英雄出少年"之语。这个时段,需要努力学习,打好基础,发现一技之长,等等。

2.1 努力学习

少年有无穷的活力,也是学习的最好时机,既要有自学兴趣,又要有好问精神,长辈的循循善诱不可或缺。应对激烈竞争的年代,学习就要从少年开始。

请教爷爷 1975年

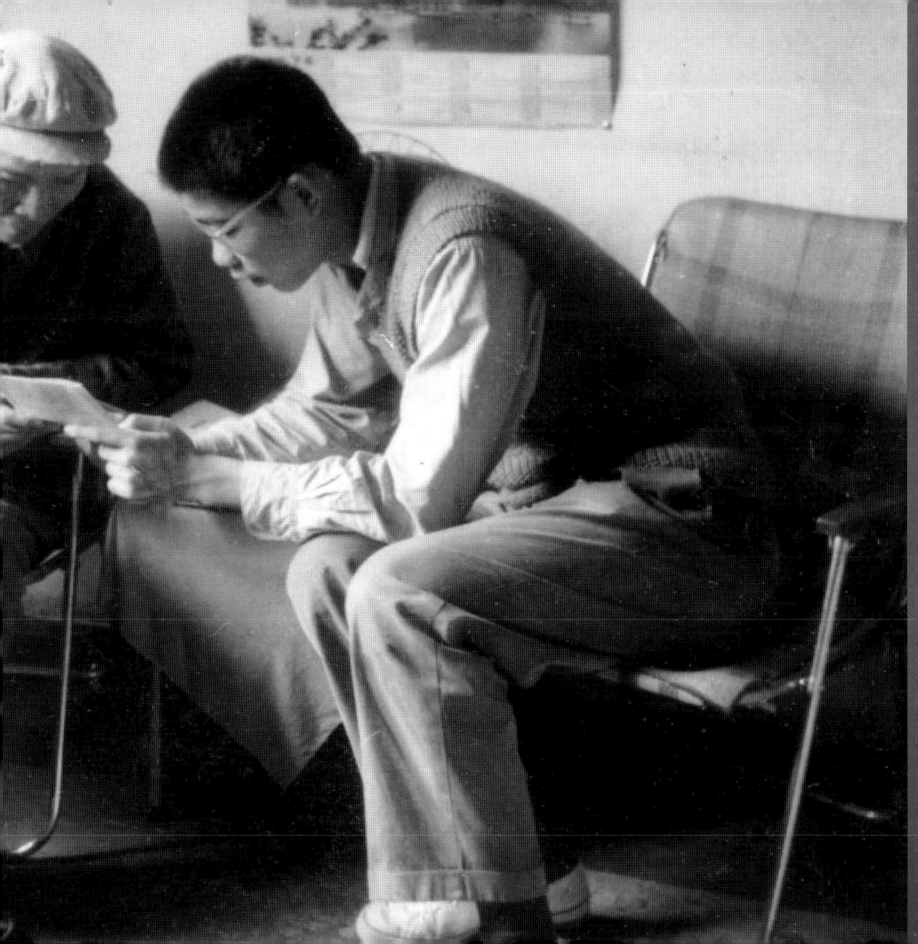

知识面 1972年

看名著

动手脑 1979年

做功课 1979年

学辩证法 1973年

2.2 打好基础

志学之年,需要有好的身体,体育锻炼,尤其是游泳,不仅关系健康体魄,也有助培育勇敢进取的精神。作为长辈,还要创造条件使之开阔阅历,扩大视野。笔者不时去参观博物馆,看到家长们带着小辈去,这一举措将影响终生。

看博物馆 2007年

奶奶看孙子跳水 2001年

父子太湖游 1969年

游西藏 2000年

看乐山大佛 2000年

参观革命圣地 1975年

书法不可少 1943年

学解放军 1972年

2.3 培养爱好

笔者以为,人的一生不外乎奉献与享受。奉献从择业开始,面对当前激烈的竞争态势,如有一技之长当增加竞争的得分。孙子大学所学与市场经济相关,但在经济危机之后,所学已无优势,却因电脑业余爱好获职。人生是多彩的,享受也必不可少,培养爱好,也有助享受人生。

欣赏儿子画作 1973年

弹手风琴 1973年

写生 1972年

孙子钢琴表演 2001年

业余爱好成求职资本 2006年

　　少年是志学之年，是打好人生基础的时期，艰苦一点受用终生，健康与人文不可或缺。需要长辈的言传身教，少年的学习潜能是无限的，就看我们如何循循善诱，鼓励放手。后代是国家的希望，"自古英雄出少年"，实在是非同小可的大事。我国有五千年从未中断的文明，中国崛起，更需培育"文化自信"。

3

终日乾乾（青年）—而立之年

《周易》的乾卦"九三，君子终日乾乾，夕惕若，历无咎"。青年时期是而立之年，这个时期朝气蓬勃，意气风发，振作慎行；是成家立业的时段；从整个人生而言，父母健在，兄弟和睦，也是享受天伦之乐的时机。

3.1 青春朝气

笔者兄弟妹五人,均大学毕业,学半导体、学医、学工、学天文学,各有抱负,两人参军,奔赴祖国需要的地方。圆了从医梦,立志"努力学习,报效国家"。北京进修团队,后来活跃全国。"奋发工作,救死扶伤",入职三年即获杭州疗养。1959年国庆十周年高唱祖国繁荣富强,1967年亲人共唱毛主席诗词,记忆犹存。

兄弟妹朝气蓬勃 1957年 笔者左二

领导奖励杭州疗养 1957年

大学生涯意气风发 1954年 笔者前右二

欢声笑语记忆犹存 1967年 笔者后左一

高唱祖国繁荣昌盛 1959年

北京进修活跃全国 1955年 笔者后左四

3.2 美满成家

1954年笔者学医毕业,1958年(28岁)与同窗李其松成家,翌年儿子诞生便有了一个完整的小家。儿子学工,也于1987年(28岁)喜结良缘,有了新家。长辈有了孙媳,自然快慰。

笔者完整的小家 1959年

笔者旅游结婚 1958年

与亲家共庆儿子成家 1987年

儿子有了完整小家 1988年

喜看曾孙出世 1988年

小宝宝出世欢乐两大家 1989年

3.3 进取立业

进入社会,个人努力必不可少,师长教诲受益终身,国家培养不能忘却。个人努力重在打好基本功,德才兼备,软硬实力不可偏废;"严谨进取"源自师长教诲;国家培养,专业进修,农村锻炼,先进鼓励。笔者1954年刚一工作,1955年便被送至北京苏联红十字医院进修,回单位后旋即成为血管外科医生。

登高望远增强自信 1982年

充实的年华
1954-1967
立志要做一名好医生

知识积累持之以恒

分门别类提高效率 1958年

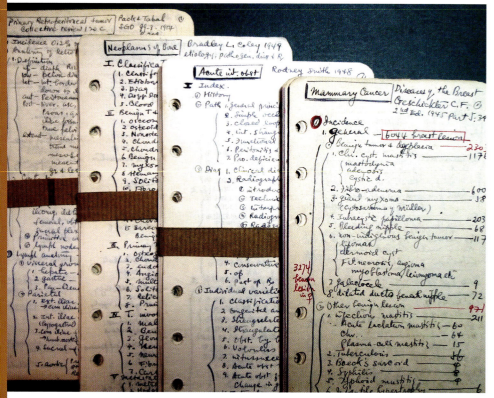

书要一本一本看 1954年

知识需要纵横归纳 1972年

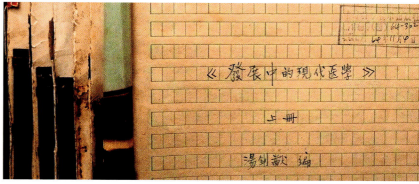

总结编写有利提高 1964年

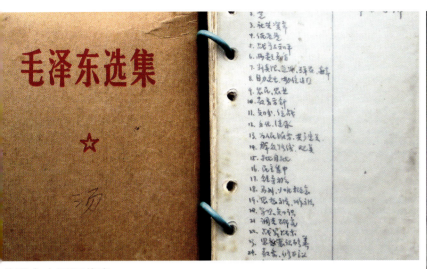

软硬实力不可偏废 1960年

开阔眼界活跃思维 1959年

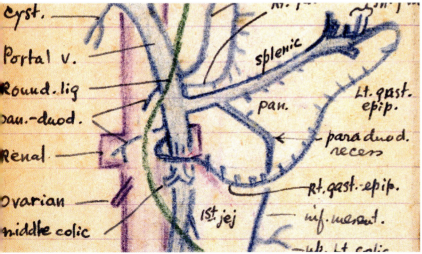

书法绘图属基本功 1949年

关心时事明确方向 1958年

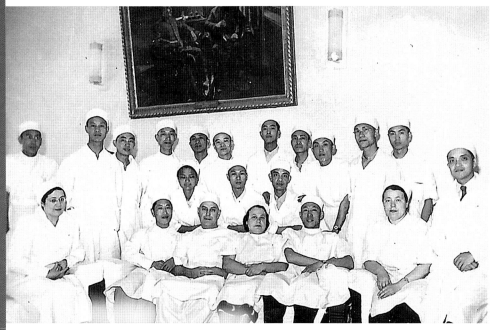

组织培养北京进修 1955年 笔者后右二

组织鼓励上海先进 1977年 笔者左二

"三同"农民15年再遇 1983年
("三同"为当年下乡实践锻炼时,同吃、同住、同劳动)

全班45人有四个院士 1954年 笔者前左四

3.4 天伦之乐

这个时段,青春朝气,成家立业,父母健在,是享受天伦之乐的最佳时机。这个时段,也是人生最忙的年代,再忙也要买个蛋糕为母亲庆生。

儿女成群 1958年 笔者左一

天伦之乐 1975年 笔者左一

多了两个小家伙 1972年 笔者右后一

三代同乐 1961年

内心的喜悦 1960年 祖孙

喜看曾孙 1988年 笔者右一

都拿草篮子 1961年

祖母之乐 1989年

协调的色彩 2010年 笔者前右二

小家畅游新疆 2007年 笔者右一

蔚为壮观 1983年 笔者右一

争看小电视 1981年 笔者左二

喜看曾外甥/孙 2018年

与岳父家合影 1981年 笔者右一

青年是而立之年,是成家立业的时段。需要朝气蓬勃,意气风发,振作慎行。离不开个人努力,师长教诲,基层锻炼,国家培养。培育"严谨进取"的素养;严谨是基础,进取(创新)是目的。知识面和持之以恒的知识的积累是严谨的重要基础,知识面和人文素养是创新的重要背景。人文与科技相辅相成,不可或缺。硬件软件,不可偏废。

4

或跃在渊（壮年）—知命之年

《周易》的乾卦"九四，或跃在渊，无咎"。壮年乃知命之年，慎进勇退，当无咎害。这个时段，需要确立人生的正确方向，方能奋进。

4.1 定向终生

笔者1960年成为中国共产党党员,从此有了正确的人生方向;1987年出席中国共产党第十三次全国代表大会;年届90获"光荣在党50年章",心潮澎湃。1968年笔者从血管外科改行癌症临床,从此有了事业的努力方向,一干就是半个多世纪;随着国家的崛起,团队也在不断壮大。

70年代部分团队 1975年 笔者左二

出席党的十三大 1987年

最珍贵的章 2021年

入党宣誓 1961年

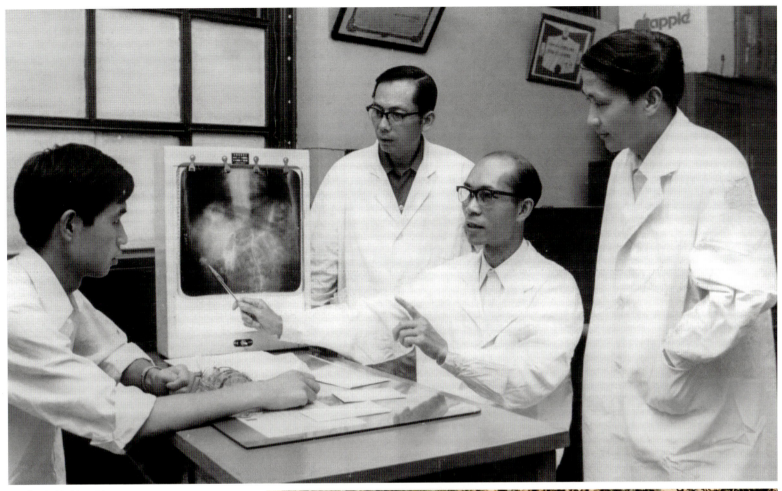

70年代外科团队 1975年 笔者右二

80年代集体劳模照 1986年 笔者居中

90年代的团队 1998年 笔者二排居中

21世纪初的团队 2009年 笔者左六

2011年的团队骨干 2011年 笔者居中

复旦大学附属中山医院80周年院庆合影 2017年 笔者居中

4.2 严谨进取

"严谨进取,放眼世界"是笔者的座右铭。严谨是基础,进取(创新)是目标。没有扎实的基础,所建高楼也会倾倒。一切要从需求出发,在严谨基础上创新,而质疑是创新超越的基础,要创新就要冒风险,需要胆略。笔者从事癌症事业,就得到现场调研,从查房中积累第一手资料,如履薄冰地从事医疗,不仅要开展研究提高疗效,还要不断总结,将感性认识提高到理性认识。壮年是人生最重要的时段,能否有多彩的人生,皆取决于此。

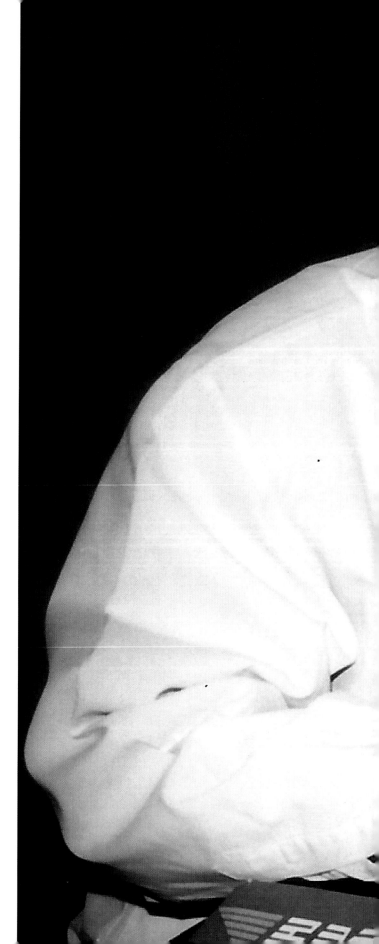

我的座右铭 2002年

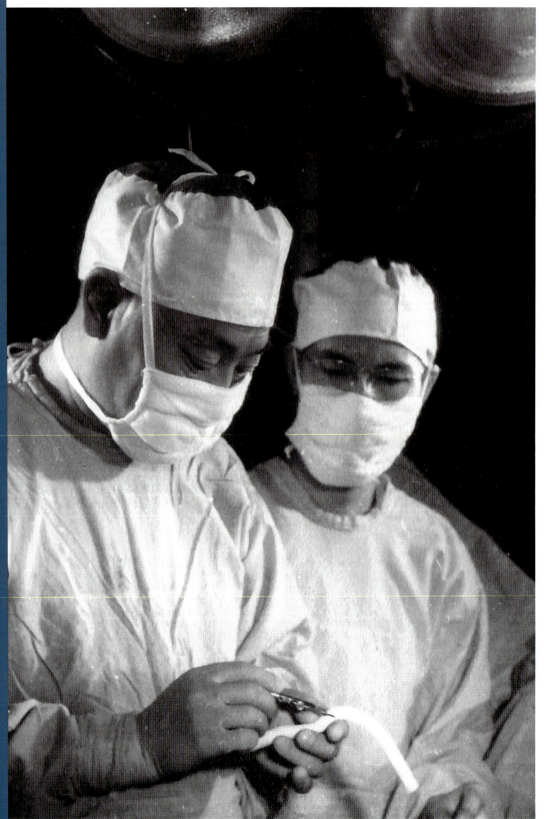

导师创新的启发 1960年

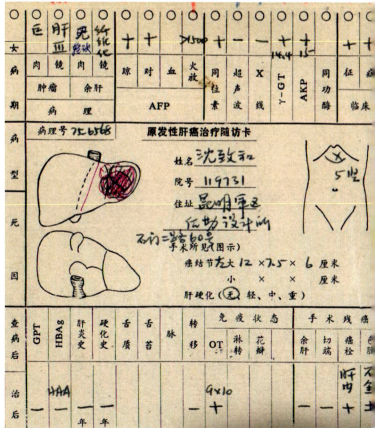

最早引进微电脑教我严谨 1979年

临床资料也要严谨保存 1979年

质疑是创新的前提 2017年

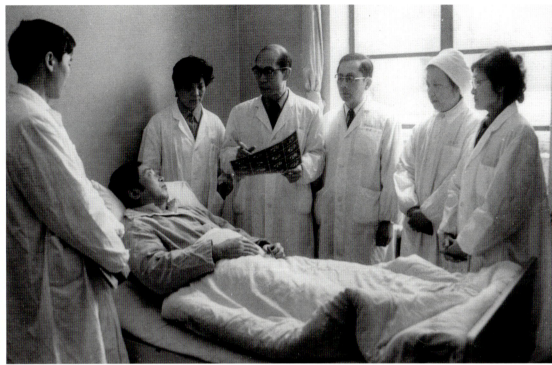

查房获取一手资料 1980年 笔者左三

创新需要胆略 2009年

到江苏启东肝癌高发现场调研 1972年 笔者前右二

"亲自看,重细节" 2000年

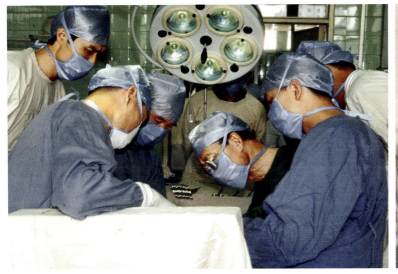
医疗"如履薄冰" 1990年

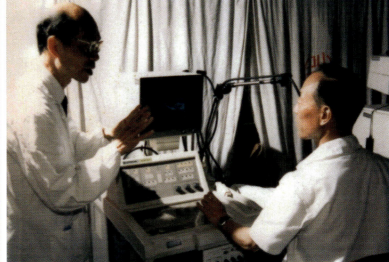
凡病人必亲看超声 1983年

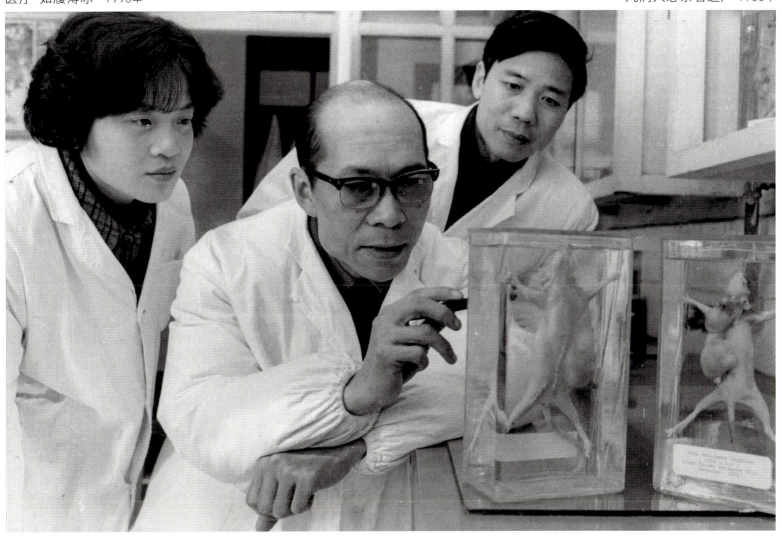
开展研究提高疗效 1983年

产生重大国际影响的《亚临床肝癌》1985年

国内第一本肝癌专著 1981年

肝癌攻坚之作 2003年

获国家奖的肿瘤学专著 1993年

4.3 合作共赢

对内和谐包容是取得进展的关键,对外团结协作是合作共赢的核心。具体来说,这包括:对内与所内同仁的团结合作,与研究生的合作;对外与国内同行的合作,与同行院士的合作,通过组办学术会议的合作;与国外的合作;尤其是不同专业之间的合作;等等。

与小同行合作 2018年

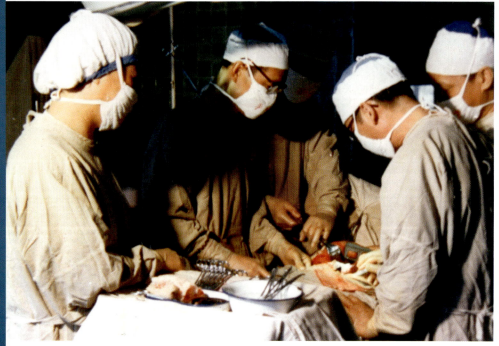
主刀与助手的合作 1970年

第一、第二团队的合作 1985年

早年团队的合作 1988年

与硕士研究生合作 1986年

与博士研究生合作 1999年 左一、左二为"优博"

实验室集思广益 1994年

查房集思广益 2012年

与中山医科大学的合作 1999年 笔者左三

与国内同行的合作 1999年 第二届肝癌专业委员会 笔者右六

与美国国立癌症研究所合作研究癌转移 2004年

与江苏启东肝癌高发地的合作 1999年 笔者右一

与美国合作研究混合菌苗 1984年

壮年是知命之年，30岁前后，是人生最有创造性的年华，这个时期精力充沛，思维敏捷。"不知天高地厚"，却常能成就一番事业，然而正确的人生目标不能或缺。"严谨进取，合作共赢"。只有严谨没有进取就没有进步；有进取的意愿，但是没有严谨的基础，创新就难以实现；有了创新，却不到世界舞台去"比武"，就难以超越。"合作共赢"不可或缺。"中国崛起"本身就是一个创新的范例，既没有走西方掠夺他人的"崛起"之路，也没有仿苏联的路径，而是走中国特色的道路。是"知难而进"还是"知难而退"，常导致完全不一样的人生。一个人来到这个世界不容易，如果在离开这个世界前能够留下一点印迹，则不枉此生。

5

飞龙在天（巅峰）—耳顺之年

《周易》的乾卦"九五，飞龙在天，利见大人"。这个时期，应是事物发展到最高峰的时段。从医学而言，也是审视能否对人民、对国家有所贡献的时期，当然这有待客观评说。

5.1 报效国家

笔者得以成为医者,皆因新中国的诞生;"严谨进取,放眼世界,锲而不舍,振兴中华",便成为终生目标。医生的任务不外乎医、教、研,遵循"医疗如履薄冰,教学严谨热情,科研大胆创新"准则,实干慎行。

5.1.1 提高疗效

提高疗效是硬道理。"早诊早治"的突破大幅提高了疗效,取得了意想不到的评价;对无根治希望大肝癌的"缩小后切除",大幅提高了疗效,使肝癌由"不治之症"变为"部分可治之症"。

意想不到的评价 1985年

现代肝病学奠基人 Hans Popper 称亚临床肝癌概念是人类认识与治疗肝癌的重大进展

小肝癌切除40年后 2015年

疗效是硬道理 2010年

缩小后切除25年后 2015年

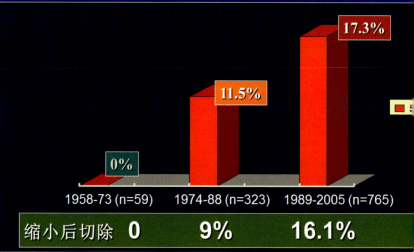

给绝望带来曙光 2005年

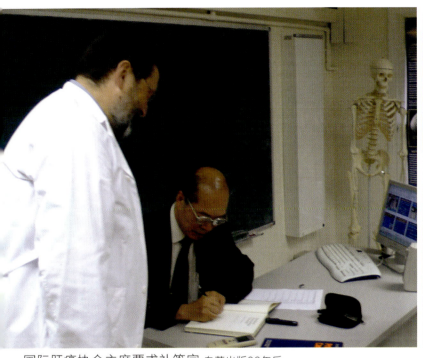

国际肝癌协会主席要求补签字 专著出版22年后

三联治疗优于二联和单一治疗 1988年

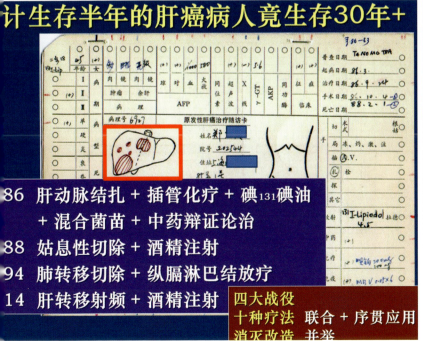

无希望病人竟生存30多年 2015年

病人（右）与笔者合影 2015年

肝癌百岁寿星的秘密 2017年

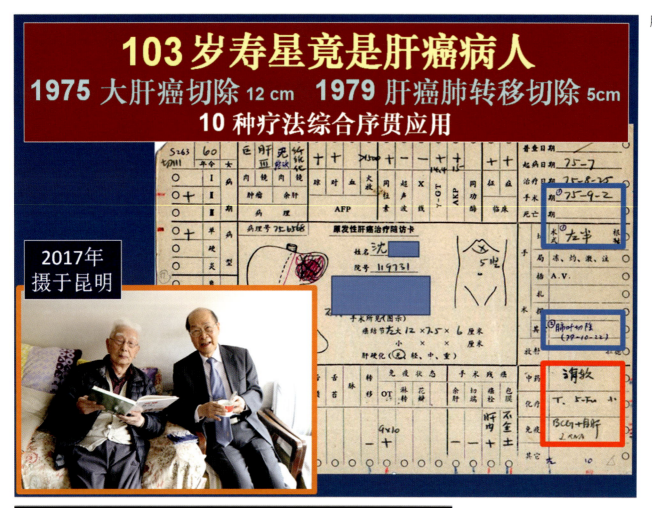

适度游泳有助延长生存期 2015年

生存20年以上病人 2016年

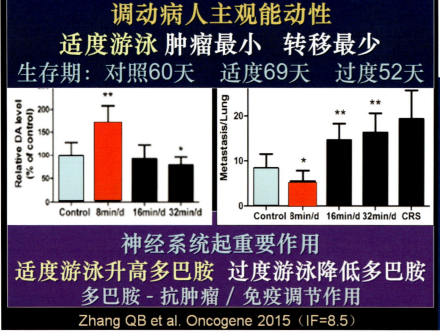

5.1.2 教书育人

教学医院的医生还要教书育人,践行"教学严谨热情",笔者有幸成为四篇全国优秀博士论文的指导教师。在国内组办大型国际会议,为年轻学者提供国际交流平台。鼓励年轻学者向国际杂志投稿,走向世界。建立"诊疗研究基金",鼓励年轻学者为提高疗效的科研探索。在学校任职期间开展"破格晋升"。有幸被评为"上海市教育功臣"。

开展破格晋升,提拔中青年优秀教师 1991年 笔者右七

组办国际会议,为年轻学者提供国际交流平台 1996年

教学"严谨热情"结硕果 2005年

与"优博"获得者合影 2003年

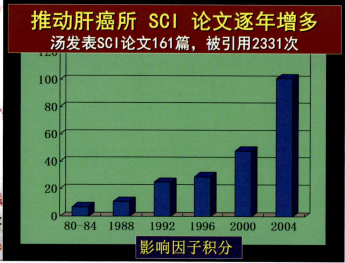

修改博士论文手迹 2003年

鼓励年轻学者走向世界 2004年

与作出贡献部分学生合影 1999年

荣获"上海市教育功臣" 2013年

建立"诊疗研究奖励基金" 1995年

参加兄弟院校博士论文答辩 1999年

5.1.3 同行推广

组办十余届全国肝癌学习班；任中国抗癌协会肝癌专业委员会主委15年，组办七届全国肝癌学术会议，主编《肝癌诊疗规范》、《原发性肝癌》和三版《现代肿瘤学》；应邀在国内学术会议交流。

首届全国肝癌学术会议 1988年 笔者致开幕词

第六届全国肝癌学术会议 1998年 笔者二排中

国际著名学者参加的全国学习班
1985年 笔者前左六

中国抗癌协会专业委员会主任委员会议 1996年 笔者右一

交流癌转移研究信息 2013年

全国肝癌学习班 2003年 笔者前居中

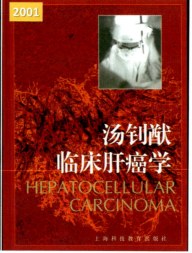

主编原发性肝癌专著

主编三版《现代肿瘤学》

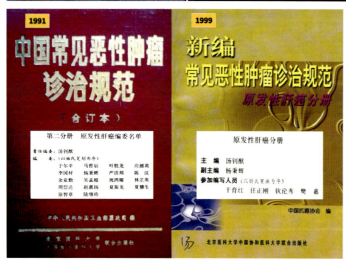

主编肝癌诊疗规范

交流癌症研究的哲学思维 2013年

在全国中医科学大会作报告 2019年

5.1.4 大众普及

向群众推广、撰写科普文章和著作,早年重在科学知识传播,耄耋之年重在科学思维,如获好评的"控癌三部曲"和展望医学前景科普;作科普讲座,亦幸获好评。

听众人山人海 2014年 上海图书馆

《中国式抗癌》的科普演讲 2014年

《中国式抗癌》新书签名 2014年

传播科学知识获奖作品

传播科学思维获奖作品

主编《十万个为什么·医学卷》2013年

展望医学的科普

在社区作科普讲座 2011年

在中学科普演讲 1997年

展望医学的新书座谈会 2021年

在深圳科普演讲 2018年

获上海市科普教育杰出人物奖 2019年

5.1.5 获奖荣誉

作为团队的代表,笔者有幸获两项国家科技进步一等奖和国际认可的"金牌奖"、陈嘉庚生命科学奖、吴阶平医学奖等;有幸成为多所大学名誉教授;有幸获白求恩奖章和五一劳动奖章;更有幸受到邓小平同志接见。

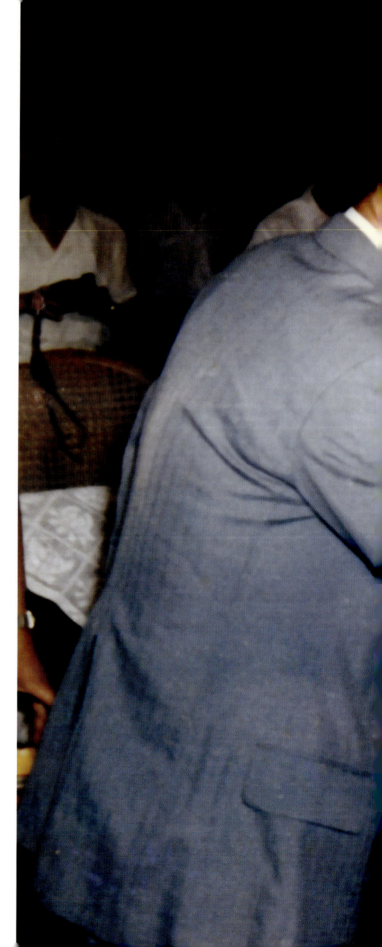

受到邓小平同志接见 1987年

两项国家一等奖和外国金牌奖

吴孟超教授

汤钊猷教授

杜如昱教授

首届外科"杰出贡献奖" 2007年 笔者二排右一

含金量高的奖项 2012年

值得珍惜的吴阶平医学奖 2009年

医生的最高荣誉 2004年

香港外科医学院名誉院士 2002年

中山医科大学名誉教授 1999年

天津医科大学名誉教授 2001年

中国人民解放军进修学院名誉教授 2006年

五一劳动奖章 1988年

5.2 国际地位

百余年来,中华民族受尽屈辱,当前我国已在政治和经济方面逐渐立足于世界民族之林,在医学上也需要在世界学术界中有话语权。笔者和团队一起,也努力为之,广交朋友,终于在世界学术界占有一席之地。

5.2.1 应邀不断

你要让人家看得起,需要拥有人家没有而对病人有用的东西,这就是笔者体会到从"挤进去"发言,到"请过去"发言的根源所在,你主办会议人家才会来。

1992年美国最大癌症中心的讲学 休斯顿

1979年美国最大癌症中心讲学 美国

1979年国际肝病协会创始人的邀请 美国

1983年现代肝病学奠基人主持的演讲 美国

1984年国际抗癌联盟消化道肿瘤会议 日本

1984年亚太肿瘤会议我国唯一大会演讲者 泰国

1985年与肝移植之父并列的演讲 美国

1987年受到国际甲胎蛋白权威的邀请 日本

1987年日本肝癌会议的招待演讲

1992年美国耶鲁大学的讲学

1998年世界胃肠病大会四年回顾演讲 奥地利

1998年国际癌症大会肝癌会议演讲 巴西

2000年国际胃肠病大会演讲 印度

2004年美国国立癌症研究所讲学

2010年世界癌症大会演讲 深圳

2014年第14届国际肝病大会演讲 上海

5.2.2 来访如流

由于肝癌早诊早治的突破,世界肝病学权威,如国际肝病协会第一任、第四任、第六任主席,甲胎蛋白又一奠基人,法国巴斯德研究所名誉所长,法国肝移植鼻祖,美国肝胆疾病大家等先后来访。

Popper,首任国际肝病协会主席 1982年

Schaffner,《肝病进展》副主编 1983年

Okuda,第六任国际肝病协会主席 1984年

Leevy,第四任国际肝病协会主席 1988年

Hirai，甲胎蛋白又一奠基人 1989年

Tiollais，法国巴斯德研究所名誉所长 1996年

Schmid，美国肝胆病大家 1996年

Bismuth，法国肝移植鼻祖 2006年

5.2.3 学术地位

肝癌早诊早治的突破,获得美国的金牌;1982年首次成为国际肝病协会年会主席团成员;当选为国际抗癌联盟理事;成为1990年和1994年国际癌症大会肝癌会主席和共同主席;成为32届世界外科大会肝外科会议共同主席;当选为数极少的美国外科协会和日本外科学会的外籍名誉会员。

肝癌早诊早治获美国金牌 1979年

国际肝病协会年会主席团 1982年 笔者左二

世界外科大会肝外科会议共同主席 1987年

国际抗癌联盟理事 1990年 笔者右二

国际癌症大会肝癌会议共同主席 1990年 笔者左二

国际癌症大会肝癌会议主席 1994年 笔者居中

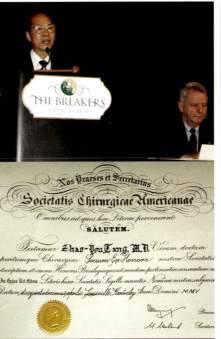

美国外科协会名誉会员 2005年

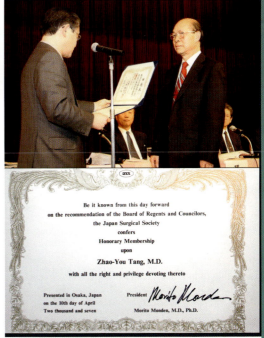

日本外科学会名誉会员 2007年

5.2.4 主办会议

由于肝癌早诊早治等研究,提示我国肝癌研究已位于世界前沿地位。笔者有幸作为主席的上海国际肝癌肝炎的七届系列会议,国际肝病大家云集,与会学者从500人增加到2500人,成为亚太区最具影响力的肝病学术会议。

专家参加的首届上海国际会议 1986年

第二届上海国际会议在校园召开 1991年

第三届上海国际会议主席台 1996年

1200人的第四届上海国际会 2000年

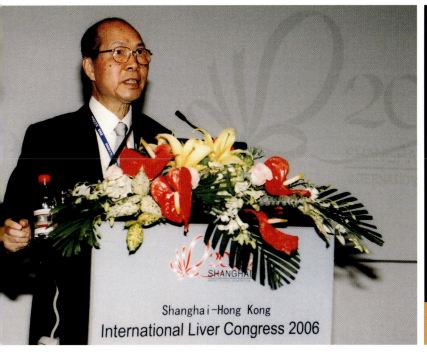

第六届上海国际会议致开幕词 2006年

Seven Congress. in the past 20 years

	Invited speakers	Abstracts Submit.	No. participants (Outside China)	Countries & areas
1986	85	346	500 (140)	15
1991	78	513	635 (180)	26
1996	70	454	600 (105)	21
2000	101	664	1200 (201)	22
2004	118	617	1600 (400)	39
2006	157	700	2433 (800)	64
2008	159	802	2500 (600)	50c

七届国际会议规模巨变 2008年开幕词幻灯片

5.2.5 参编专著

有中国特色的研究成果,也被邀参编国际最权威肝病与肿瘤学者主编的专著;主编除来自美国、日本、德国等国外,还有来自智利的;其中由现代肝脏病学奠基人Hans Popper主编的《肝脏病进展》,首次刊登了国人的工作。国际抗癌联盟主编的《临床肿瘤学手册》,也连续三版邀请我国撰写肝癌章,提示当年肝癌诊疗规范由我国编写。

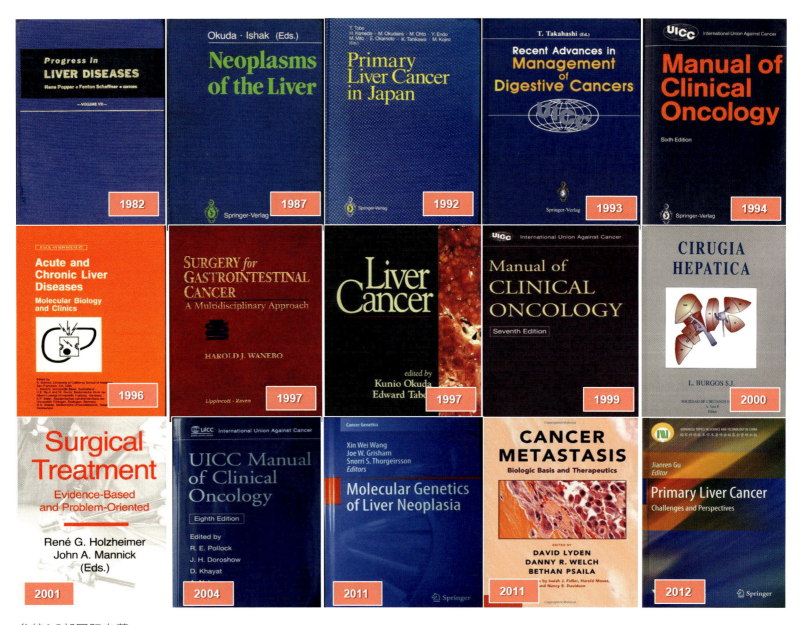

参编15部国际专著 1982—2012年

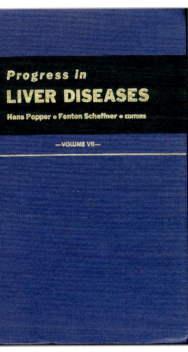

首届国际肝病协会主席主编 1982年

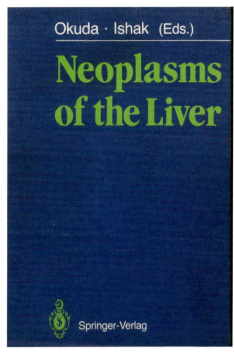

第六届国际肝病协会主席主编 1987年

国际胃肠道肿瘤学者主编 1997年

在巴西偶遇前书主编 1998年 Wanebo左一

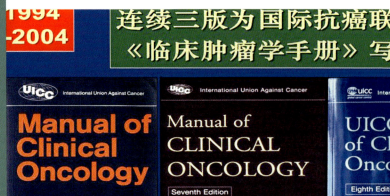

连续三版为国际抗癌联盟主编《临床肿瘤学手册》写肝癌章

意味着 肝癌的诊疗规范由我们制订
"您们的办法 既提高疗效 又便于推广"

连续三版应邀撰写"肝癌"章 1994-2004年

1999年版的"肝癌"章

第六任国际肝病协会主席另一专著 1997年

参编德国学者的专著 2001年

104

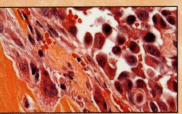

国际著名癌转移研究学者主编 2011年

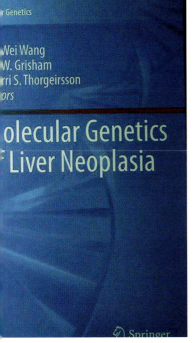

美国国立癌症研究所学者主编 2011年

60前后是耳顺之年,是人生的巅峰。要报效国家,就要"需求出发",作为医者,提高疗效是硬道理;"精细实践",细节决定成败;"形成特色",需有战略思维;"和谐包容"乃成功保证。人的一生有时要自找苦吃,逼着自己做一些"力所难及"的事,就又"上了一层楼"。要在国际学术界占一席之地,要有人家没有的东西。与国际名人为友,有助开阔思路,扩大影响。关键是"不卑不亢,以诚待人",光埋头干不行,需要适度表达。硬件是基础,软件是灵魂,相辅相成,缺一不可。中华文明,源远流长,是中国特色的源泉。

6

亢龙有悔（老年）—耄耋之年

《周易》的乾卦"上九，亢龙有悔"。这个时段，事业已过顶峰，耄耋之年，需知进退，不知持满，终将后悔。健康如此，事业也不例外。

6.1 动静有度

中华哲学思维可简单概括为"不变,恒变,互变"。"生老病死"是"不变"的自然法则,耄耋之年要"服老"。所谓养生,就是顺应自然,争取"终其天年";"恒变"就是要不断保持"动脑""动身体",即使老年也不例外;而"阴阳中和"是"互变"中要追求的最好态势,动脑、动身体都要"动静有度",多了不好,少了也不好。

末次冬泳 2001年 古稀之年

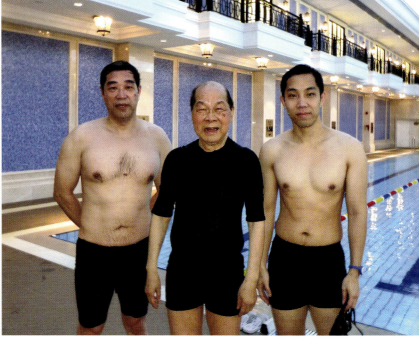

三代游 2018年 耄耋之年 游400米

紧张的动脑 耄耋之年 五本科普

轻松的动脑 耄耋之年 五本影集

看祖国大好河山 2007年 新疆

加工摄影作品 2021年 鲐背之年

6.2 重在生前

"生老病死"是自然法则,无法根本干预,如能"终其天年"便是幸事。对于老者,以为要重在生前。

内心的喜悦 1990年 重孙贺95岁

乐在其中 1990年 看小辈玩耍

给曾祖母分糖 1989年

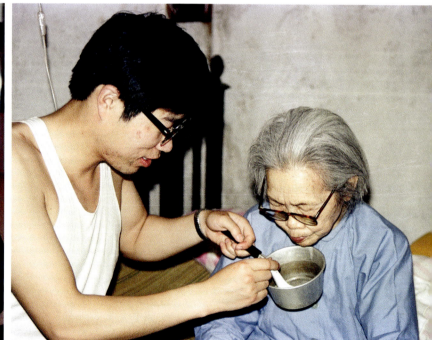

病后孙子喂食 1987年

金婚的喜悦 2008年

创意的礼品——曾居住过的五个家 2008年

最后的生日 2016年

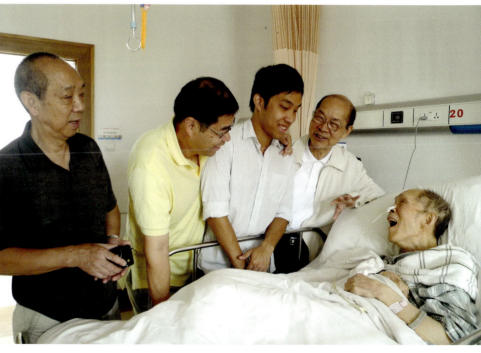
兄弟侄儿孙的探望 2011年

6.3 回顾美好

人的一生免不了"悲欢离合""生老病死"。耄耋之年笔者以为要多回忆美好的东西，毕竟人生是多彩的。

6.3.1 奉献之乐

笔者从事"治病救人"之业，最大的享受莫过于把病人治好。

与肝癌长生存病人的合影 2005年 笔者居中

小肝癌术后17年结婚生女 1992年

激动人心的时刻 1991年 生存10年病人大合唱

与肝癌生存30年病人合影 2015年 笔者右二

他竟是102岁寿星 2017年 肝癌术后42年

生存20年以上病人和医生团队的合影 2019年 笔者居中

6.3.2 读书之乐

脑力劳动者,读书便必不可少。读书之乐,不是因为"书中自有黄金屋",而是因为对医生而言"书中还有治病术"。早年重视"治病术"的硬件,晚年感到"治病术"的软件也必不可少,两者相辅相成。

《道德经》集大成 2018年

医学硬件自然重要 2014年

医学软件不可或缺 2018年

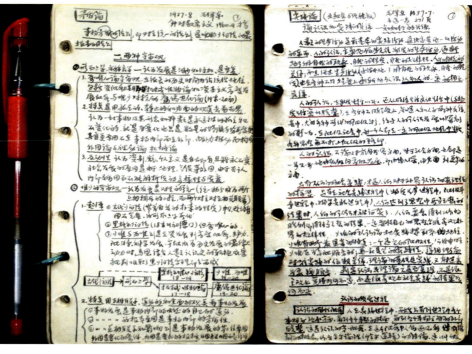

《矛盾论》与《实践论》1960年

6.3.3 同窗之乐

人的一生，学校时期覆盖了整个青少年时段，那时天真烂漫，交友淳朴，值得终生留念。

院庆时部分师生合影 1982年 笔者左一

大学同学与当年校领导合影 1993年 笔者居中

部分大学同学游览上海 1999年 笔者左四

院士大会上与姚开泰院士夫妇合影 2012年

院庆时最后一次大学同学合影 2017年 笔者左一

部分上海育才高中同学合影 1989年 笔者前右二

部分育才高中同学合影 2009年 笔者右二

最后一次部分育才高中同学合影 2015年 笔者后左三

与校友沈镇宙、邵志敏教授合影 2010年

与校友陈克铨教授合影 2019年

6.3.4 师生之乐

随着年龄增长,从学生变为师长。关系虽变,友谊仍存,因为师生是相互学习的关系,也是最纯洁的关系。

这里有两位"优博"获得者 1999年

国家一等奖部分贡献者 1999年

新一代博士 2008年

与博士后共勉 2019年

喜见青出于蓝而早胜蓝 2018年

喜迎耄耋之年 2009年

外地专程来陪游 2020年

别出心裁的贺寿专辑 2020年

共游红旗渠 2019年

看世界遗产"高句丽" 2021年 笔者右四

有创意的生日礼品 2019年

珍贵的贺礼 2019年

喜迎鲐背之年 2019年

6.3.5 交友之乐（国内）

一个人处于世上，需要朋友的相互鼓励和帮助；孤家寡人办不成大事；朋友之谊，同行之谊（见**4.3合作共赢**），院士之谊一个也不能少；平凡之友和尊贵之友同样重要。年过90，国内国外，朋友无数，限于篇幅，蜻蜓点水，或缺照片，挂一漏万，在所难免。前面已有叙述者不再重复。

6.3.5.1 朋友之谊

"以奇胜"之友

一次谋面的挚友

为友几十年同行

摄画家之友

为友50年的全家

编辑之友

口腔教授之友

科技报刊主任

为我安全保驾之友

为友30年±

为友20年±

40年挚友

新疆归来之友

保我健康者

20年±之友

20年±之友

养老功臣

三同农民50年后再遇

6.3.5.2 院士之谊

王正国-笔者

郑树森-杨胜利-吴孟超-闻玉梅-顾建人-笔者-王红阳

吴孟超-王振义-笔者

王红阳-笔者-邱蔚六-陈赛娟-郝希山-周良辅

笔者-张金哲

-笔者

曾毅-姚开泰-笔者

钟南山-笔者-巴德年

∑载平

笔者-程天民

笔者-黎介寿

陈肇隆

盛志勇-笔者

笔者-戴尅戎

笔者-范上达

笔者-金力

陈凯先-笔者

樊代明-笔者

笔者-张志愿

郭应禄-笔者

陈灏珠-笔者

笔者-李兰娟

笔者-陈可冀

6.3.6 交友之乐（国际）

在国际学术交往中，同样离不开"友人"。君子之交淡如水，与之为友，不在"送礼请客"，而在于不卑不亢，相互尊重。与名人交往，还在于我有而人家没有的值得尊重的东西。仅举两例。

6.3.6.1 与肝移植之父斯塔泽为友34年

Thomas E. Starzl 为友34年（1983-2017）肝移植之父 享年91

- 1983 Hans Popper 80寿辰家宴 第一次见面
- 1985 肝肿瘤发病与治疗会议三演讲人
- 1992 首届国际肝胆肿瘤会议米兰再相遇
- 1993 匹兹堡演讲，Starzl 主持
- 1995 为 Starzl 自传中文版写序
- 2005 祝贺当选美国外科协会名誉会员
- 2006 Starzl 银婚北京见面
- 2009 肝癌所40周年所庆的热情贺信

34年友谊长存

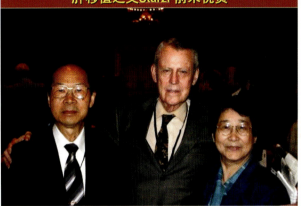

祝贺笔者当选美国外科协会名誉会员

2006年银婚访华

1992年米兰国际会再相遇

对肝癌研究所40周年庆的贺信

1995年笔者为斯塔泽自传中文版写序

6.3.6.2 与法国巴斯德研究所名誉所长为友30余年

30余年友谊长存

出席首届上海国际肝癌肝炎会议 笔者右二

成为第二、第三届上海国际会议共同主席

1997年访问笔者所在肝癌研究所

2009年与笔者和老伴共叙友情

2017年的末次家访

6.3.7 兴趣之乐

笔者发现"事业狂"也有爱好。肝移植之父斯塔泽是"工作狂",笔者为其自传《组装人》中文版写序,发现他也是"文学大家",文字引人入胜。笔者兴趣有三,一是摄影,因为学术交流有幸到过五大洲,顺便摄下所见所闻;二是游泳,有助从事繁重事业的支撑;三是看电影/电视剧,以便繁忙之余有所放松。事业与兴趣调节互动,相辅相成。

2003年拍福建太姥山　　　　　　　　　　　　　　　2006年拍菲律宾巧克力山

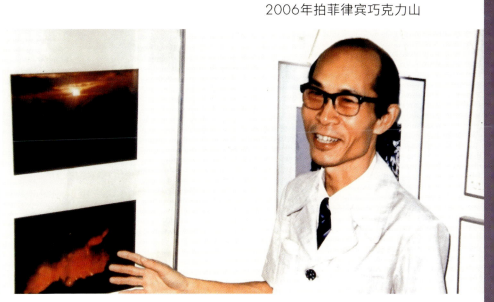

2019年耄耋之年拍华山　　　　　　　　　　　　　　1986年参加上海交大影展

自我欣赏 2014年 布置办公室

2021年用普通相机拍上海中秋月

1985年拍桂林日出

1993年拍黄山晨曦

6.3.8 旅游之乐（国内）

中华哲学有"三变"思维，其中"互变"值得关注。"紧张与放松"既互存又互变，能否持之以恒就需要"阴阳中和"，松紧结合，松紧交替。至2021年我国有56处世界遗产，笔者有幸蜻蜓点水看过其中42处。

6.3.8.1 世界文化遗产（38处中看过31处）

北京故宫 1982年

八达岭长城 1972年

莫高窟 2004年

青城山 2005年

兵马俑 2019年

沈阳故宫 1989年

承德避暑山庄 2008年

布达拉宫 2000年 小家

曲阜孔庙大成殿 1999年

庐山 1984年

平遥古城 2006年 老伴

颐和园 1984年

丽江古城 2005年 老伴

苏州园林 2007年 与外甥

天坛 1982年

大足石刻 1997年 老伴

云岗石窟 2006年

龙门石窟 2002年

清永陵 1989年

明孝陵 2009年

登封"天地之中" 2017年 嵩岳寺塔　福建土楼 2014年 永定土楼标志

皖南宏村 2013年

五台山 2006年

高句丽长寿王陵 2021年

皖南西递 2013年

丝绸之路 2004年 炳灵寺大佛

丝绸之路 2019年 大雁塔

澳门大三巴 2005年

开平碉楼 2006年 瑞石楼

都江堰 1990年

殷墟 2018年

杭州六和塔 1972年

良渚古城遗址 2018年

鼓浪屿 1974年

泉州老君岩宋代老子雕像 2017年

6.3.8.2 世界文化与自然遗产（4处均看过）

泰山 1998年　　　　　　　　　　　　　　　　　黄山 1993年

峨眉山万年寺无梁殿 1983年　　乐山大佛 1996年　　　　　　　　　　　峨眉山金顶 1983年

6.3.8.3 世界自然遗产（14处中看过7处）

武夷山 2009年

武陵源 1995年

九寨沟 1990年

中国南方喀斯特 1981年 云南石林　　中国南方喀斯特 2008年 贵州荔波大七孔天生桥　　三清山 2006年

新疆天山 2004年　　三江并流 2004年 虎跳峡　　中国丹霞 2010年 广东丹霞山

6.3.9 旅游之乐（国外）

由于我们团队在肝癌早诊早治方面的突破，让我有机会受到在世界各国召开的国际会议的邀请，有机会在会前会后走马看花观看了20几个国家的风光。世界是多彩的，值得交流互鉴。

6.3.9.1 亚洲-大洋洲-非洲

埃及 2001年 金字塔与狮身人面像夜景

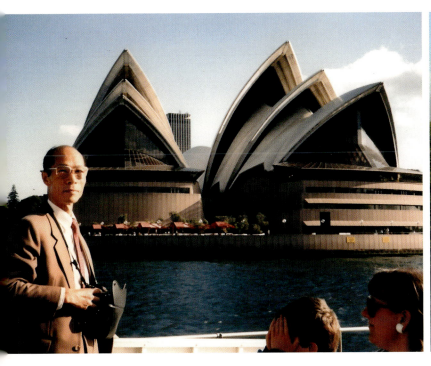

澳大利亚 1987年 悉尼歌剧院

巴基斯坦 1989年 拉合尔名胜

菲律宾 2006年 巧克力山

韩国 1999年 首尔大观门与曾毅院士

马来西亚 1996年 槟榔屿佛塔

日本 1991年 京都风景

泰国 1988年 曼谷

新加坡 1993年 老伴

印度 1994年 新德里胡马雍陵

印度尼西亚 1993年 佛塔

6.3.9.2 欧洲

奥地利 1998年 音乐家雕刻　　　　　比利时 1996年 布鲁塞尔大教堂　　　　　德国 1998年 海德堡

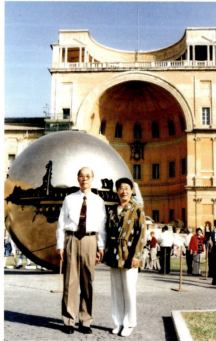

法国 1996年 巴黎埃菲尔铁塔　　　梵蒂冈 1997年　　　　　　　　　　　荷兰 1997年 老伴骨折

挪威 1996年 人体雕刻公园　　　　　　　　　　　西班牙 2007年　　　　　　　　　　　　　　　　　瑞士 1995年

希腊 1996年 雅典卫城　　　　　　　　　　　　　　　　　　　　　　意大利 1997年 斗兽场后外景与凯旋门

6.3.9.3 美洲

阿根廷 1978年 国际癌症大会牌前

巴西 1998年 伊瓜苏大瀑布

美国 1989年 阿拉斯加冰川

美国 1998年 大峡谷

美国 2004年 布莱斯国家公园

墨西哥 2006年 墨西哥边境城市

八十是耄耋之年，可发挥余热，但事业已过顶峰，需知进退，若不知持满，终将后悔。发挥余热需有健康身体，六十开始锻炼，为时不晚。持之以恒，切忌过度。好的生活方式，动静有度，回顾美好，不为活长，只为活好。寿命乃先天定数，《黄帝内经》曰："上古之人，其知道者……而尽终其天年，度百岁乃去。"

7

群龙无首（一生）—人生感言

《周易》的乾卦"用九，见群龙无首，吉"。人生事业到顶峰，从"阴阳互变"的角度，乾卦均为阳，阳极转阴，这是自然法则。阳极招忌，如转阴则以柔济刚，故"吉"。

新陈代谢是大自然的法则，人生到这个时候应考虑隐退，不要"占着茅坑不拉屎"。笔者虽幸为院士，实际上古稀之年（70岁后）便已部分隐退，让年轻学者当家，发挥其长。虽然也牵头做一个课题，但所做也是别人不做者。耄耋之年（80岁后）不再领衔专业著作，而集中于"医学软件"的思考，为控癌和我国医学发展提供参考；鲐背之年（90岁后）继续践行"两动两通，动静有度"的养生，以企顺应自然，终其天年。

人有悲欢离合 生老病死
创意人生也可丰富多采有声有色
在历史长河中留下印迹
但愿人长久 千里共婵娟
岁月留痕 人生感悟

汤剑嵌
九十二岁

人生是一个动态变化的过程,不同阶段需有不同的侧重,要顺应自然,即幼年的"潜龙勿用"、少年的"见龙在田"、青年的"终日乾乾"、壮年的"或跃在渊"、巅峰的"飞龙在天"和老年的"亢龙有悔"。要珍惜和发挥青少年人生这段最有活力的年华。

笔者年逾九旬,有幸亲历中国由屈辱到振兴,由"落后挨打""民不聊生",到"站起来""富起来""强起来"和"奔中国梦",深感只有中国共产党才能救中国,只有走中国特色社会主义道路,而不能走全盘西化之路,医学也不例外。

图书在版编目(CIP)数据

汤钊猷影集. 人生篇/汤钊猷著. —上海：复旦大学出版社，2023.9
ISBN 978-7-309-16935-5

Ⅰ.①汤… Ⅱ.①汤… Ⅲ.①摄影集-中国-现代 Ⅳ.①J421.8

中国国家版本馆 CIP 数据核字（2023）第 132272 号

汤钊猷影集（人生篇）
汤钊猷　著
责任编辑/贺　琦

复旦大学出版社有限公司出版发行
上海市国权路 579 号　邮编：200433
网址：fupnet@fudanpress.com　http://www.fudanpress.com
门市零售：86-21-65102580　　团体订购：86-21-65104505
出版部电话：86-21-65642845
上海丽佳制版印刷有限公司

开本 787×1092　1/12　印张 14.5　字数 218 千
2023 年 9 月第 1 版
2023 年 9 月第 1 版第 1 次印刷

ISBN 978-7-309-16935-5/J·490
定价：220.00 元

如有印装质量问题，请向复旦大学出版社有限公司出版部调换。
版权所有　　侵权必究